AF332742

SOUVENIRS

DE KABYLIE

PAR

GEORGES GASC

SIÉGE DU BORDJ D'EL-MILIA

MARSEILLE

TYPOGRAPHIE MARIUS OLIVE

RUE SAINTE, 39

—

1871

SIÉGE DU BORDJ D'EL-MILIA

(Journal commencé le 25 février 1871)

⁕

Bonne mère chérie ,

Je vous écris sans savoir quand et comment cette lettre vous parviendra ; je désire seulement que ce soit le plus tôt possible pour vous rassurer.

Depuis le mardi 14 février, nous sommes assiégés dans le Bordj par les tribus révoltées. Nous attendons sans cesse l'arrivée d'une colonne qui doit nous délivrer, car nous sommes trop peu nombreux pour sortir et venir à bout des insurgés : nous nous défendons dans nos positions ; et je puis vous jurer qu'ici on ne capitule pas !

Je me suis amusé, chaque soir, à noter les incidents du siége. Ces lignes tracées à la hâte, entre deux coups de fusil, pour ainsi dire, se ressentent de cette précipitation ; si elles vous intéressent un moment, ce ne sera donc que par votre affection pour moi.

Les causes de l'insurrection sont, cette fois, la vieille haine de race toujours profonde chez les Arabes. Les marabouts leur ont prêché la guerre sainte, leur affirmant qu'il n'y avait plus de Français et qu'ils viendraient facilement à bout des quelques *moucherons* d'El-Milia.

Voyez Constantine, disaient-ils, plus de soldats ! rien que des juifs ! il faut au plus tôt exterminer le peu de Français qui souille encore notre sol.

Le bruit de nos derniers désastres, recueilli sur le marché de Constantine et semé habilement dans les tribus, a hâté l'explosion.

Mardi 14 février. — Nous quittions le camp, à 5 heures du matin, sans prévoir le moindre danger, pour aller à quelques kilomètres de là faire le café. Heureusement une pluie torrentielle nous prit en route et fit hâter repas et retour.

A une heure de distance d'El-Milia un spahis arrive au galop, porteur d'un ordre du capitaine commandant la place :

« Rentrez promptement ; consignez tous vos hommes ; défense surtout d'aller au marché où je crains des troubles ».

Effectivement, le marché, situé à 1500 mètres d'El-Milia, au sud, était couvert de 8000 Arabes environ, tous armés. Loin de prévoir, cependant, ce qui allait arriver, nous atteignons le camp, situé à mi-côte de la montagne, et l'on commence à servir la soupe.

« Tiens, me dit un sergent, regarde donc courir les Arabes sur le marché ! » Il n'avait pas achevé ces mots qu'une immense clameur retentit : on pille les petites boutiques, on égorge les marchands.... puis toute cette masse s'ébranle en hurlant et marche sur nous. — Le cri : Aux armes ! aux armes ! retentit.

Le capitaine se précipite du Bordj qui occupe le sommet de la montagne : — Fourrier, aux cartouches, me dit-il ; en un clind'œil je les distribue, et nous descendons nous aligner avec calme, l'arme au bras, en travers de la route du marché.

Les spahis partent, comme le vent, sur leurs petits chevaux : les amis, restés fidèles, nous rejoignent avec deux caïds, une centaine d'hommes, au plus, mais bien armés.

Tandis que nous les attendons en face, trop lâches, malgré leur nombre, pour attaquer bravement, les Arabes ont tourné une colline et débouchent par la route de Constantine.

Un mamelon nu la commande à notre gauche ; nous nous déployons en tirailleurs, au nombre de 15 seulement, pour protéger la retraite des nôtres sur le camp et le Bordj.

Nous occupons la petite colline, en nous couchant à plat ventre derrière un talus, dans l'eau et la boue. Le lieutenant est avec nous ainsi qu'une dizaine de cavaliers Arabes.

Onze heures et demie. — Premier coup de feu tiré par les insurgés.

Au même instant la fusillade éclate comme grêle. Ils sont là, en face de nous : chaque buisson, chaque pierre en abrite un. Ils font admirablement la guerre d'embuscade, occupant toutes les collines, tous les ravins, les broussailles et les bois. Nous ripostons, mais en ménageant nos coups. Le fort et le camp, attaqués d'un autre côté, répondent aussi, et tout s'embrase.

Jamais je n'oublierai, sous ce ciel noir, l'aspect terrible de la plaine et des montagnes qui paraissent en feu. Les troupeaux s'enfuient, les habitants déménagent leurs gourbis, ou fuient sur des mulets.

Des premières collines on nous canarde ; sur les autres, les Arabes se réunissent en grandes masses et leurs moukaires poussent des cris perçants.

Les insurgés s'emparent du bois à notre gauche ; éloigné du camp de 1200 mètres environ, nous allons être coupés ; les Arabes nous abiment. Le capitaine nous crie : « En avant les mobiles, à la baïonnette ! » Au même instant il est frappé d'une balle à la jambe... on l'emporte.

Nous nous élançons une douzaine au plus, gravissant avec effort la colline détrempée ; les balles pleuvent de trois côtés à la fois ; mon voisin tombe traversé en pleine poitrine.

A la force de la baïonnette nous reprenons nos positions en tirailleurs. Derrière nous on relève les morts et les blessés. Les cavaliers crient, en se battant, ou plutôt hurlent comme des sauvages, ce qui vous fait froid au cœur.

Voilà les insurgés embusqués sur un sommet en face et à notre gauche.

Sept camarades, dont je ne puis oublier les noms, et moi commençons alors un vrai tir à la cible ; les quatre moins bons tireurs nous passent les armes chargées. Dès qu'un Arabe se montre il est abattu, avec accompagnement de mauvais calembours. Pour nous, dès que nous remuons, les balles sifflent ; le mamelon en est labouré.

Deux heures et demie. — Nos cartouches commencent à s'user. Le feu recommence plus vif sur nous du côté gauche, d'où nous sommes entièrement découverts ; je me retourne, ô stupeur ! Saïd-Ben-Amida, mon cher ami le fameux chasseur de panthères, à 100 mètres à peine de moi, m'envoie une balle qui traverse ma vareuse à l'épaule. Je ne veux pas être en reste avec lui, mais je le manque et je tue son frère à son côté. Il se cache lui et ses camarades : nous les criblons de balles au jugé. J'ai su, depuis, qu'il a eu une jambe cassée.

A 4 heures, un petit Arabe nous apporte un biscuit à chacun et des cartouches. On nous fait dire de tenir jusqu'à la nuit, pour protéger l'entrée des colons dans le Bordj.

Le *petit pleure* et se jette à terre ; il n'ose plus s'en aller ! je le charge cependant de trouver mon ordonnance, au camp, pour déménager mon gourbi, car je vois, d'ici, abattre et enlever les tentes : on abandonnera donc le camp ?

L'enfant se sauve sans être atteint.

Cinq heures et demie. — Nous reculons, un à un, sans nous faire voir, en tiraillant toujours. Nous voilà dans El-Milia. Désordre extrême ! Au Bordj, scène indescriptible ; les cours sont remplies d'Arabes et de moukaires qui crient et qui pleurent. les soldats se pansent ou lavent leurs armes. Les ballots, les tentes, les caisses sont amoncelés pêle-mêle ; les chevaux se cabrent et ruent ; chacun crie de son côté.

Nous voulons nous changer, car nous sommes dans l'eau depuis le matin ; mes bottes en sont pleines ; mes pantalons et ma vareuse collés sur moi. Mais on a entassé nos sacs dans une salle : impossible de les avoir.

Six heures et demie. — On nous donne un biscuit pour souper ; et nous prenons la garde. Je suis à l'intérieur avec 20 hommes, dans un petit jardin ; il pleut à verse ; et pas une couverture ! Nous restons collés contre les créneaux — défense de dormir.

Minuit. — Je change la garde, avec mes 20 hommes : nous sommes à l'extérieur, debout devant la grande porte.

Mercredi 15, 6 heures du matin. — Le réveil sonne : pourquoi ? tout le monde a veillé. Déjeuner avec du café et un biscuit.

Le Bordj ou fort est divisé intérieurement en 3 secteurs : on

nous les distribue. De Sardi a une petite cour ; Bernard, la grande
cour ; moi, le jardin comprenant 2 bastions, dont l'un est recou-
vert avec une espèce de berceau en branches. Je reçois l'ordre d'y
établir des créneaux. Nous y montons des sacs de terre tout
autour. J'y mets 4 bons tireurs et m'y embusque moi-même. J'ai
20 mobiles et 33 Arabes avec un Caïd.

Neuf heures. — Attaque générale.

La fusillade est épouvantable ; le Bordj semble en feu. Nous
avons un petit canon de 12 que nous aidons tous à servir. Quelques coups à mitraille balayent l'avenue du Bordj ; à onze heures,
quinze spahis et une trentaine d'alliés chargés de rester au camp,
remontent en déroute complète, abandonnant leurs morts et
leurs blessés auxquels les Arabes coupent la tête et les mains.

Les gourbis d'El-Milia, n'étant plus protégés par le camp qui
les cache du Bordj, sont brûlés par les insurgés. Le pillage commence avec force hurlements, et les assaillants s'éloignent du
fort en y laissant beaucoup de morts.

Snr mon petit bastion les branches sont hachées menu par les
balles ; les sacs à terre en sont remplis.

A midi, le feu a cessé presque partout ; nous mangeons la
soupe.

Mais d'innombrables tribus passent la rivière à la nage. Les
montagnes en sont couvertes. Ils viennent sans doute regarder
la bataille en spectateurs, attendant l'issue, pour se ranger du
côté du plus fort.

La nuit venue, nous mangeons un biscuit pour souper. Les
assaillants s'embusquent ; il faut veiller encore. Nous pouvons à
peine rester debout ; nos vêtements sont mouillés de la veille.

Les Arabes ont tellement incendié, que nous pouvons lire à
la lueur des flammes. Du haut des créneaux les deux ou trois
marchands et le seul colon d'El-Milia, M. Lefèvre, regardent, en
pleurant, leurs maisons qui flambent.

Fusillade toute la nuit.

Jeudi 16. — Au lever, fusillade terrible ; dans mon secteur
nous élargissons un créneau, à coups de pic, pour y braquer le

canon. Les Kabyles veulent tenter l'assaut ; mais arrivés à 30 mètres, une décharge générale les met en fuite.

Cependant ils ont crénelé le rempart au fond du camp, et ils tirent de là ; d'autres sont dans mon gourbi : j'y braque moi-même le canon chargé à mitraille, par-dessus un obus. L'obus éclate en plein dans mon ex-habitation…Nous entendons des cris épouvantables…bien touché.

A midi, ils essaient un nouvel assaut ; cette fois nous les massacrons. Ils fuient en désordre. A cette vue, les tribus spectatrices s'ébranlent et regagnent la plaine ; c'est un grand succès pour nous, si elles gardent la neutralité.

J'oubliais de vous dire que, le mardi 14 , une heure après le premier coup de feu, le télégraphe était coupé ; mais le général, à Constantine, averti de la révolte, avait eu le temps de répondre : « Tenez ferme ; une colonne se forme et va aller vous secourir ».

Nous espérions, chaque jour, la voir arriver ; à l'heure où je vous transcris ces notes nous l'attendons encore.

Voyant la retraite des autres tribus, les Ouled-Aïdoun et les Ouled-Embareck, nos seuls ennemis, se retirent à 1 kilomètre environ, laissant des pillards que nous canardons. A 4 heures, le capitaine fait cesser le feu.

Je vais alors à la recherche de mes effets. Mon argent (celui de la compagnie), ma comptabilité et mon sac sont sauvés ; mais ma caisse, contenant le reste, est introuvable.

Nous attendons la fameuse attaque de nuit. Les gourbis flambent toujours. Nous sommes morts de sommeil ; voilà trois nuits que nous veillons.

Vendredi 17. — Quelques coups de feu nous tiennent en éveil. La soupe est faite avec du biscuit dans l'huile arabe!!! brou!… L'huile de ricin est tout miel à côté de cela ; jugez!

Nous sommes à la ration pour l'eau ; une fontaine dont l'eau arrive d'un vallon voisin, coulait dans le Bordj, mais les Kabyles ont coupé le conduit avant même de couper le fil télégraphique. Nous avons une citerne seulement.

Nous sommes dans le Bordj :

62 mobiles ;

143 Arabes, spahis, cavaliers ;

5 ordonnances, employés militaires ;

27 Arabes non armés : une trentaine de moukaires et trois françaises, y compris madame Sergent.

Les femmes sont enfermées dans la maison centrale, dont les volets, clos et garnis de tôle, sont à l'épreuve de la balle. J'ajoute que l'épreuve ne leur manque pas depuis trois jours.

Nous avons du biscuit pour longtemps ; de l'eau et des cartouches, bien juste ; du sucre, du café et de l'eau-de-vie, mais ni vin, ni viande. Chaque nuit, pour nous tenir éveillés, on nous donne trois rations d'eau-de-vie. Comme elle nous brûle, je l'ai baptisée, *pétrole* ; ça a pris, ouf !

Deux heures après midi. — Les Kabyles qui occupaient la redoute Gastu font tout à coup une décharge générale et se replient. Ils vont sur le marché, par longue files ; ils y sont au moins 10,000. Nous avons appris, depuis, qu'ils avaient juré solennellement de nous attaquer la nuit même. Nous envoyons des obus qui font du mal dans leurs groupes, et malgré le terrible serment, rapporté le soir au Bordj par un espion, la nuit est assez calme.

La confiance renaît ; cependant nous ne cessons de surveiller les mouvements des Kabyles.

Les Arabes alliés, du haut de nos murailles, les reconnaissent tous et les accablent d'injures, à la façon des héros d'Homère, avant d'en venir aux mains avec eux. D'autres vont jusqu'à demander des nouvelles de parents ou d'amis. Cependant, vers 4 heures, des masses se rapprochent, nous les canardons, à 600 mètres environ, avec nos chassepots. Le canon leur envoie des obus.

Nous n'avons que du biscuit à manger, c'est triste ; rien à boire, que de l'eau. Nous passons la nuit en veillant à tour de rôle.

Dimanche matin 19. —Brume épaisse, comme tous les matins, à El-Milia. M. Lefèvre vient m'offrir de sortir ; j'accepte et me munis d'un sabre de cavalerie.

M. Lefèvre, armé de deux revolvers ; Cannerie, caporal de zouaves ; Lescoffier, sous-officier de remonte, et moi, descendons, par une échelle, par-dessus la porte.

La brume est épaisse; nous nous glissons, le long des broussailles, sur une pente presque à pic. Les Arabes ne nous voient point.

Nous parvenons ainsi jusqu'à la maison de Frain, débitant, absent d'El-Milia au moment de la révolte. Quel spectacle! c'est un amas de décombres labourés de balles. Les tonneaux sont crevés; des débris de toute sorte recouvrent la terrasse et le plancher. D'Arabes, point. Nous allons vers le camp; mon gourbi est brûlé en partie; au milieu, ma caisse entièrement vide! Puis, sur le sol, des Arabes morts.

Nous redescendons pour aller chez l'autre débitant d'El-Milia, l'arabe Ben-Yousef, actuellement dans le Bordj. Nous démolissons, sans nous presser, une énorme barricade construite par ces mécréants. Nous faisons tout rouler du haut de la colline.

Nous descendons encore... J'entre le premier, sabre au poing, chez Ben-Yousef: il y a là quatre Arabes! Deux se sauvent par la fenêtre; je fends la tête au troisième, d'un coup de sabre. Cannerie, d'un coup de revolver, étend le quatrième..., et nous procédons à l'inspection des lieux. Mêmes ravages que chez Frain; nous découvrons, cependant, un petit baril de vin et, par terre, une bouteille de *champagne* intacte entre mille autres brisées. — La déboucher et la boire ne font qu'un.

Nous remontous alors. Cannerie, d'une force herculéenne, porte le baril sur son dos. Les Arabes, avertis, nous tirent comme des lapins, sans nous toucher. On nous donne l'échelle, et nous voilà rentrés.

Le capitaine crie bien fort; dit qu'il nous fera passer au conseil de guerre... Mais après, il nous dit, *tout bas*, qu'il est enchanté de notre escapade, à cause de l'effet moral produit sur nos alliés qui, effectivement, sont épatés.

Lundi 20. — Une vive fusillade s'engage et les Arabes sont repoussés. A 1 heure, quelques prétendus amis du dehors, racontent que la colonne que nous attendons a été battue.

Mardi 21.—Pas de courrier, hélas! et pour cause. Les Arabes se dirigent vers la route de Constantine: nous supposons qu'ils vont attaquer la colonne attendue.

Biscuit, tous les repas, sans abondance !

Mercredi 22.— La fusillade recommence et dure une partie de la journée. 2 cheiks et leur famille regardent paisiblement, du haut d'une colline, administrer une volée à leurs compatriotes.

Jeudi 23. — Nous apercevons un bœuf ! trois spahis sortent et l'attrapent sans recevoir un seul coup de feu ; grand régal au fort.

Vendredi 24. — Grande fusillade tout le jour. Deux Arabes supplient le capitaine de les laisser entrer dans le bordj ; ils racontent que la colonne arrive et a battu les Kabyles.

Samedi 25.—A l'horizon, grande fumée : ce doit être la colonne qui incendie les villages révoltés. Viendra-t-elle ou ne viendra-t-elle pas ? — A midi, engagement. Le soir vient, pas de colonne !

Dimanche 26. — Serons-nous délivrés aujourd'hui ? La scie à la mode parmi nos soldats est : As-tu vu la colonne ?

Rien à manger !

On entend le canon au loin ; la journée s'écoule dans l'anxiété ; encore rien en vue !

Lundi 27. — Au lever du soleil, nous entendons une vive canonnade.

Joie immense en voyant, sur les cîmes, poindre les cavaliers français ! Ce sont des chasseurs d'Afrique escortant le général Pouget.

Huit heures — Le général entre dans le bordj...

La longue route qui serpente autour des crêtes voisines est couverte d'hommes, de chevaux et de canons ; il en descend toujours. L'horizon s'éclaire de grandes lueurs : on brûle tout chez les tribus révoltées.

Onze heures. — 8,000 hommes sont dans la plaine, — ils canonnent encore les Arabes.

Le camp s'établit.

Nous sommes délivrés.

.   .   .   .

Mardi 28. — Quelle émotion, en voyant nos camarades ! La colonne se compose de chasseurs d'Afrique, d'artillerie, de turcos et d'un bataillon de mobilisés. Ils campent dans la plaine. Il y a là 20 mobiles de Collo (de ma compagnie, bien entendu). J'ai eu un instant de folle joie, croyant qu'Henry y était ; mais il l'a vainement demandé, paraît-il ; il remplaçait son capitaine malade.

Du reste, ils viennent d'être occupés, eux aussi, par les tribus révoltées ; et j'apprends que mon frère s'est distingué dans les affaires de l'Oued-Zour et de Bonnegra.

Chacun m'apportait ses amitiés.

Monsieur Vivensang, commandant supérieur de Collo, toujours bon et aimable, m'a témoigné le plus grand intérêt.

Il était à la tête de ses goums (cavaliers Arabes).

La journée d'hier a été bien fatigante, car il nous a fallu refaire seuls notre camp.

Il y avait là 8,000 hommes, et c'est encore nous qui avons monté les gardes de nuit au bordj.

Les ravages sont épouvantables ; d'El-Milia il ne reste pas pierre sur pierre.

Nous y sommes remplacés par 6 compagnies de tirailleurs : et nous allons faire partie de la colonne chargée de ravager, incendier et faire des razzia chez les tribus révoltées.

Je suis signalé dans le rapport sur le siége.

Le général vient de me féliciter.

Peu m'importe !

Nous allons expédier le courrier. Je fais ménage commun avec le vaguemestre de la colonne, un sergent-major de turcos : il me prête sa tente, car mon habitation est en ruines ; moi, je lui ai apporté l'encre et les plumes.

Est-il besoin, mère chérie, de vous rappeler que je vous aime et ne pense qu'à vous ?

G. GASC.